김병완의 결정책 시리즈 10부작 제7권

결정적 순간의 책읽기

인생의 결정적인 순간에 위기 대처 능력을 향상시켜 주는 책(冊) 읽기

김병완

플랫폼연구소

< 김병완의 결정책 시리즈 10부작 제7권 >

김병완의 결정적 순간의 책(冊) 읽기_7권

가난에 지쳤을 때 _ 부자가 되고 싶다면.

인생의 결정적인 순간에 위기 대처 능력을 향상시켜 주는 책(冊) 읽기

" 내가 세계를 알게 된 것은 책에 의해서였다."

_ 장 폴 사르트르

프롤로그_ 책은 인생을 밝혀주는 등불이다.

‘책을 잘 읽고 산다는 것은, 경이로운 세상에 눈을 뜨고 매일매일 세상과 나 자신의 잠재력에 대해 새로운 것들을 배우며 정신적으로 한 차원 높은 삶을 살아가는 것이다.’

<전략적 책읽기>의 저자 스티브 레빈의 이 말처럼 책을 잘 읽고 산다는 것은 자신의 한계를 훌쩍 뛰어넘어 한 차원 높은 삶을 살아가는 것이라고 말할 수 있다. 그런 점에서 책읽기는 기적을 창출해 내는 기적 그 자체이다.

책이 아니라면 우리는 과거에 살았던 수많은 현인의 지혜와 통찰력에 대해 알 수 없었을 것이고, 생각의 재료가 되는 지식을 축적하지도 못했을 것이며 생각의 계기가 되어 주는 역사와 이야기를 많이 접하지도 못했을 것이다.

부침이 많은 것이 바로 우리의 인생이다. 이러한 인생을 살아 나가다 보면 때로는 억장이 무너질 만큼 아프고 당황스럽고 어찌해야 할 바 몰라 발만 동동 구르면서도 아무것도 할 수도 없었고, 무엇을 어떻게 해야 하는지도 몰라서 더 힘들었던 시기를 경험하게 된다.

이 책은 바로 이러한 절체절명 위기의 순간 혹은 인생에 찾아오는 결정적인 순간에 꼭 읽어봐야만 하는 책들에 관한 이야기이다. 만약에 그 위기의 순간 혹은 결정적인 순간에 이 책을 읽었었더라면 좀 더 지혜롭고 의연하게 잘 대처해 나갔을 것이고, 그러한 조금의 차이는 긴 인생을 살면서 모이고 쌓여서 인생의 성공과 실패를 결정짓게 되는 중요한 차이가 되어 우리에게 보상해 줄 것이다.

그런 점에서 책을 읽으면서 살아가는 사람들과 책과 동떨어져서 살아가는 사람의 삶은 보이지 않는 큰 간격이 생길 수밖에 없는 것이다.

중요한 사실은 인류가 가진 부의 대부분을 소유하고 운용하고 있는 사람들은 후자가 아니라 전자들이며, 새로운 부를 창출해 내는 사람들도 또한 바로 그들이라는 점은 우리에게 책은 선택이 아니라 인생을 제대로 잘 살아가기 위해서는 꼭 필요한 필수 조건이라는 사실을 잘 보여주는 사례일 것이다.

위대한 발명가, 위대한 정치인, 위대한 대왕, 위대한 혁명가, 위대한 경영자, 위대한 방송인, 위대한 학자와 같은 위대한 인물 중에 책을 읽지 않은 인물들이 과연 있을까?

그렇다고 위대한 인물이 되기 위해서 책을 읽어야 한다고 말하는 것은 아니다.

이 책의 존재 목적은 버트런드 러셀이 한 말에 토대를 두고 있다.

"내게 좋은 책을 알려주는 사람이 있었다면, 이렇게 오랜 시간에 걸쳐 시행착오를 하지 않았을 텐데 ...."

바로 이것이다. 당신에게 그것도 결정적 순간에 당신이 오랜 시간에 걸쳐 시행착오를 하지 않을 수 있도록 좋은 책을 알려 주는 것이다. 이것이 바로 이 책의 목적이다. 그렇기 때문에 이 책은 처음부터 끝까지 순서대로 읽어야 하는 그런 책이 아니다. 자신의 인생이 현재 직면하고 있는 상황에 맞추어 필요한 부분을 읽어서 자신이 처한 결정적 순간에 읽었을 때 가장 유익하고 도움이 되는 그런 좋은 책에 대해 알게 해 주는 그런 책이다.

책이 책을 읽는다는 말이 있듯이, 이 책은 또 다른 책을 읽게 만드는 그런 책의 구실을 톡톡하게 해 낼 것이라고 믿는다.

책을 읽는다는 것은 인간만이 누릴 수 있는 특권이며 사치 중 사치라고 할 수 있다. 당신은 이러한 사치와 특권을 누릴 자격이 있다. 과거 중세 시대에는 최고의 특권층만이 책에 접근할 수 있었다는 사실을 생각해 보면, 지금 이 시대에 살고 있는 것만으로도 우리는 행복한 사람임에 틀림없다.

'좋은 책을 읽는 것은 지난 몇 세기에 걸쳐 가장 훌륭한 사람들과 대화하는 것과 같다.' 라고 말한 데카르트는 책의 위력과 유익함을 너무나 잘 알고 있었던 현인 중 한 명이었다. 당신도 이제 지난 몇 세기에 걸쳐 가장 훌륭한 사람들과 더 많은 대화를 나누는 그런 기회를 지금까지보다 더 많이 가져 보기를 바란다.

책은 인류가 힘겹게 오랜 시간 걸어오면서 쌓아 올린 사색의 결정체이며 인생을 밝혀주는 등불이다. 책은 궁지에 몰린 이에게는 새로운 돌파구를 발견할 수 있게 해 주는 돌파구이며, 어떤 시련과 역경도 헤쳐 나갈 수 있게 해 주는 원동력이다.

책은 비탄에 빠진 사람에게는 위안이 되며, 절망한 사람들에게는 용기가 되며, 방황하는 이들에게는 인생의 나침반이 되어 주며, 세상에 지친 이들에게는 오아시스가 되어 주며, 가난한 이들에게는 부자가 되는 길을 제시해 주고, 실패한 이들에게는 성공할 수 있는 길을 제시해 준다.

이런 이유와 근거를 토대로 필자는 장담할 수 있다.

“ 이 세상에서 책을 읽는다는 것은 최고의 특권이며, 사치이며, 축복이다. ”

목차

세상사의 대부분은 운에 좌우된다.

< 행운에 속지마라 >

_ 나심 니콜라스 탈렙

백만장자는 선택이며 훈련이며 습관이다.

< 백만장자 비밀수업 >

_ 조단 워즈

에필로그 _ 책은 삶의 특권이며 최고의 사치이며 향락이다.

" 한 인간의 존재를 결정짓는 것은

그가 읽은 冊과 그가 쓴 글이다. "

– 도스토예프스키 –

제7장. 가난에 지쳤을 때 _ 부자가 되고 싶다면.

“ ‘부(富)’ 는 ‘수입’ 과 반드시 일치하지는 않는다. 만일 당신이 해마다 많은 수입을 벌어들이면서도 그것을 모두 다 써 버린다면 당신은 ‘부유’ 해지고 있는 것이 아니다. 단지 ‘부유층의 생활’ 을 누리고 있는 것일 뿐이다. 부는 당신이 축적하는 것이지 소비하는 것이 아니다.” < [이웃집 백만장자] 중에서 >

" 부를 숭배하는 이 시대에 부자는 인생을 즐기고, 빈자는 주어진 인생을 견뎌내야만 한다. 부자는 돈이 없어 고생하는 삶을 이해하지 못한 채 느긋하고 편안하게 생활하는 반면, 빈자는 돈 때문에 인생이 고달프고 피폐해져 절대로 가난에서 벗어날 수 없다고 삶을 포기하기도 한다. 부자는 매사 순풍에 돛 단 듯이 순조롭고 막힘이 없지만 빈자는 한 발 떼는 순간마다 난관이고 장애물이다." < [재기] 서문에서 >

" 백만장자가 되는 가장 빠른 길은 간단하다. 백만장자처럼 생각하고, 행동하고, 옷을 입고, 꿈을 꾸고, 그리고 그렇게 살아가는 것이다. 그러다보면 어느새 백만장자가 되어 있는 자신을 발견할 것이다.

" 옷이 사람을 만든다 " 는 옛 속담이 있다. 이 말에 전적으로 동의하며 옷뿐만이 아니라 생각, 습관, 직업 및 개인적 생활양식 등 모든 세세한 부분도 사람을 만드는 것 같다." < [백만장자 비밀수업] 중에서 >

삶의 진정한 풍요로움은

외적 성공이 아니라 내적 만족에서 온다.

– 애덤 스미스 –

부는 축적하는 것이지 소비하는 것이 아니다.

< 이웃집 백만장자 >

_ 토마스 J. 스탠리 외

" '부(富)' 는 '수입' 과 반드시 일치하지는 않는다. 만일 당신이 해마다 많은 수입을 벌어들이면서도 그것을 모두 다 써 버린다면 당신은 '부유' 해지고 있는 것이 아니다. 단지 '부유층의 생활' 을 누리고 있는 것일 뿐이다. 부는 당신이 축적하는 것이지 소비하는 것이 아니다." < 10쪽 >

이 책은 왜 근면하게 일하고, 고등 교육을 받았으며 수입도 좋은 사람들이 부자가 되지 못하는지에 대해 밝힌 책이다. 즉 이 책은 부자가 되는 사람들이 가지고 있는 7가지 특징에 관해 이야기를 하는 책이다.

부유한 사람들이 돈을 모으는 데 도움이 되는 생활 방식을 공통으로 따른다는 사실은 부자가 되는 사람들을 이끄는 그들만의 특별한 마인드가 존재한다는 것을 의미한다. 소가 수레를 이끌 듯 생각이 우리의 행동과 생활 방식을 지배한다는 것은 틀림없는 진리이기 때문이다.

첫 번째 부자들의 특징은 자신의 수입에 비해, 혹은 부에 비해 훨씬 검소하게 생활한다는 것이다. 자신의 수입이나 부를 풍요로운 생활에 소비할 것인지, 아니면 미래를 위해 저축을 하고 지금은 조금 덜 풍요로운 생활을 할 것인지를 오롯이 자신의 선택의 문제이다. 하지만 재미있는 사실은 재정적으로 안정된 사람들은 같은 나이와 소득 집단에 속하면서도 재정적으로 불안

정한 사람들보다 더 행복하다는 사실이다.

즉 돈을 좀 더 많이 사용하는 것, 즉 풍족한 소비생활이 더 행복하게 해 주는 것이 아니라 검소하게 살면서 재정적으로 안정되는 것이 더 행복하게 해 주는 것이라는 사실이다.

두 번째 부자의 특징은 부를 축적하는데 도움이 되도록 시간과 에너지와 돈을 효율적으로 분배할 줄 안다는 것이다. 시간이든 돈이든 계획하고 통제할 수 있는 능력이 있다는 것이다. 그래서 소비를 계획하고 통제하며, 시간 관리에도 뛰어난 사람들이 바로 부자들이라는 것이다.

세 번째 부자의 특징은 상류층이라는 사회적 지위를 과시하는 것보다 재정적 독립을 더 중요시하는 생활 방식을 가지고 있다. 네 번째 특징은 부자들은 성인 자녀에게 경제적 보조를 제공하지 않는 생활 방식을 가지고 있다. 결국 이러한 생활 방식은 다섯 번째 특징인 성인 자녀들이 경제적인 측면에서 자립할 수 있도록 해 준다.

여섯 번째 특징은 그들은 모두 돈 벌 기회를 잡는 데 능숙하다는 것이고, 일곱 번째 특징은 그들 모두 적절한 직업을 선택하는 방식을 선호한다는 것이다. 그래서 이 책의 저자들은 우리들이 부자가 아닌 이유는 부자들을 상대로 일을 하지 않기 때문이라고 말하기도 한다.

" 당신은 왜 부자가 아닌가? 아마도 돈 벌 기회를 찾지 않고 있기 때문일 것이다. 부유층 사람들과 그 자녀들, 그리고 부유층 과부와 홀아비를 대상으로 수많은 사업 기회가 있다. 부자들을 상대로 일하는 사람들은 대개 본인도 부자가 된다. 반면, 사업가와 자영업자, 영업 전문가와 일부 샐러리맨을 비롯한 많은 사람들이 결코 고소득을 올리지 못하고 있다. 이것은 아마도 그들의 고객에게는 돈이 거의 없거나 아예 없기 때문일 것이다." < 299쪽 >

돈이 돈을 번다는 말이 있듯이, 부자들은 언제

나 부자가 될 수 있는 기회가 많은 환경에서 살고 있다는 것은 틀림없는 말일 것이다. 환경적인 요소와 관련하여 확실한 한 가지 사실은 직장 생활을 하는 샐러리맨이 부자가 될 확률은 매우 희박하다는 사실이다. 이 말은 다른 말로 하자면 직장인들이 아닌 자영업자, 전문 직종 종사자, 사업체 소유주, 부동산 투자자 등의 사람들이 부자가 될 확률이 매우 높다는 말이다.

“미국의 부자들은 대부분 사업체 소유주이다. 여기에는 자영업 전문가들도 포함된다. 미국 부유층 가정의 20%는 퇴직자가 가장이며, 나머지 80% 가운데 2/3 이상은 자영업자들이다. 미국 전체 가정의 약 18%가 가장이 자영업자 또는 자영업 전문가들이다. 하지만 자영업자들이 백만장자가 될 가능성은 다른 일을 하는 사람들보다 4배나 높다.” < 323쪽 >

필자는 이 책을 통해 한 번 더 중요한 교훈에 대해 확신하게 되었다. 그것은 ‘필자 역시 직장생활을 했다면 지금처럼 무한한 자유와 경제적인 풍요를 누리지 못했을 것' 이라는 사실이다. 한국을 대표하는 대기업을 다닌다는 것은 웬만한 사람들의 꿈이기도 하고, 선망의 대상이기도 하다. 하지만 샐러리맨은 어쩔 수 없는 샐러리맨에 불과하다. 연봉이 많다고 해도 부자가 될 수는 없다. 수입이 많다는 것과 부자가 된다는 것은 별개의 것이기 때문이다. 뿐만 아니라 더 이상 직장에 매인 몸이 아닌 자유의 몸이 된다는 것은 직장 생활을 하는 사람들이 상상하는 그것 이상의 기쁨이며 즐거움이 아닐 수 없다.

필자는 아마도 일요일 오후나 저녁만 되면 두통이 오고, 약간의 우울증이 왔던 것 같다. 월요일 날 아침에 출근길은 그야말로 도살장에 끌려가는 소와 다를 바 없다. 휴가도 마음대로 갈 수 없고, 항상 윗사람의 허락을 받아야만 한다. 이렇게 죽을 고생을 하면서도 엄청난 부자가 되는 것은 아니기에 너무 아이러니하다.

바로 이러한 이유로 자기 사업을 하는 사람이 더 부자가 되고, 더 행복하고 더 충만한 삶을 살아간다고 이 책의 저자도 역시 말하고 있는 것이다. 대부분의 사업가들은 엄청난 자유와 함께 많은 보상을 받고, 게다가 남에게 고용된 사람보다 훨씬 덜 위험하다고 한다.

" 무엇이 위험한 것일까요? 하나의 소득원만을 가지고 있는 것입니다. 고용된 사람들은 위험한 상태에 처해 있는 것이지요. 소득원이 하나밖에 없으니까요. 그러나 당신의 사장에게 청소 용업을 제공하는 사업가는 어떨까요? 그에게는 수백 명의 고객이 있습니다. 말하자면 소득원이 수백 개나 되는 것이지요." < 339쪽 >

물론 대부분의 성공한 사업가들은 자기 사업을 시작하기 전에 자신이 선택한 분야에서 상당한 지식과 경험을 쌓은 사람들이라는 사실도 우리는 명심해야 한다. 사업가들은 매일 위험과 역경에 접하게 된다. 하지만 그것 때문에 그들은 하루하루 더 강하고 현명해지고 자신을 매일 단련시키면서 자신을 성장시켜 나가는 것이다. 그래서 그들의 수입에는 한계가 없는 것이다.

이 책은 알다시피 10여 년 전의 미국 사회의 부자들에 대한 조사이다. 하지만 이 책이 지금 우리 사회의 부자들에게 정확히 적용된다는 것은 우리 사회가 선진국하고의 격차가 십년 정도라는 필자의 생각 때문일 것이다. 어쨌든 이 책은 가난에 지쳐서 새로운 돌파구를 찾아보고자 하는 이들에게 부자에 대한 통찰력을 길러 줄 수 있는 좋은 책이 되어 줄 것이라고 필자는 생각한다. 이것이 이 책을 건네주는 이유인 것이다.

'삶이란 우리 인생에 어떤 일이 생기느냐에 따라 결정되는 것이 아니라 우리가 어떤 태도를 취하느냐에 따라 결정된다.'

– 존 밀스

때를 기다리느니 차라리 흐름을 타라.

< 재기 >

_ 장옥빈, 이붕.

“ 부를 숭배하는 이 시대에 부자는 인생을 즐기고, 빈자는 주어진 인생을 견뎌내야만 한다. 부자는 돈이 없어 고생하는 삶을 이해하지 못한 채 느긋하고 편안하게 생활하는 반면, 빈자는 돈 때문에 인생이 고달프고 피폐해져 절대로 가난에서 벗어날 수 없다고 삶을 포기하기도 한다. 부자는 매사 순풍에 돛 단 듯이 순조롭고 막힘이 없지만 빈자는 한 발 떼는 순간마다 난관

이고 장애물이다.” < 서문에서 >

이 책은 우리에게 재물의 기운을 타고난 사람들에게는 분명 특별한 것이 있다고 말한다. 우리가 가난에 지쳤을 때 그래서 더 이상 가난을 참아내지 못할 때 우리는 부자고 되고 싶은 갈망에 사로잡히게 된다. 이 책은 바로 그런 사람들을 위한 책이다.

부자가 되는 재운을 키우는 36가지의 황금 법칙이 이 책에 소개되어 있기 때문이다. 가난한 사람으로 사는 것보다 부자로 살아가는 것이 삶을 즐기며 자신의 능력을 증명하며 무엇보다 자아실현을 하면서 살아갈 확률이 높아진다. 그렇기 때문에 우리는 가난뱅이로 사는 것보다는 부자로 사는 것이 낫다는 결론에 도달하게 되는 것이다.

그렇다면 부자들은 왜 부자들이 되고 가난한 사람들은 왜 가난에서 벗어나지 못 하는 것일까? 이러한 질문에 대해 영국의 철학자 스펜서

(Herbert Spencer)는 다음과 같이 말한 바 있다.

“ 부유한 자들이 부유한 것은 그들이 가진 고도의 적응 능력 때문이고, 부자는 단지 그러한 우월성의 수혜자일 뿐이다. 한 사람이 부유해질 수 있는 것은 그가 다른 사람들보다 강하고, 우월하기 때문이다. 그리고 어떤 사람들이 가난한 것은 그들이 생존경쟁에서 도태되었기 때문이다.” < 11쪽 >

이 책은 생존경쟁에서 도태되지 않고 승리할 수 있도록 당신이 강해지고 우월해질 수 있는 전략을 제시해 준다. 그러한 전략 중에서도 필자의 마음을 사로잡은 전략 중에 전략은 제일 미지막 전략인 ‘타인보다 앞선다고 꼭 부자가 되는 것은 아니다’ 라는 전략이다.

앞장서서 돌진하는 사람의 말로는 결코 낙관적이지 않으며, 승리의 공로는 결국 맨 뒤에 있던 장군에게 돌아간다는 사실을 말하면서 신중

하지 않으면 힘들게 세운 공을 통해서 부자가 될 수 있는 기회가 사라지게 된다고 말한다. 타인보다 재능이 뛰어나다고 반드시 부자가 되는 것은 아니라는 말은 필자에게 큰 충격이었다. 과연 그럴까? 이 책의 저자가 하는 말이 맞는 말일까? 라는 의구심을 독자의 한 명으로 가졌던 것이 사실이었다.

하지만 에디슨과 테슬라의 이야기를 읽고서는 그의 주장에 동의할 수밖에 없었다. 1883년 세르비아의 젊은 과학자 니콜라 테슬라는 재능이 뛰어난 과학자였다.

그의 재능이 뛰어나다는 것을 한 눈에 알아본 에디슨은 그를 조수로 고용했다. 테슬라는 하루 18시간씩 일하며 전자동 제어 전동기를 혼자 힘으로 만들어냈고, 교류유도전동기도 만들어 내었다.

테슬라의 과학자로서의 재능은 타인을 앞섰지만, 그의 말년은 가난하고 외로웠으며, 그의 모든 부와 특허권과 발명 업적과 명성은 모두 타인과 기업체에 빼앗기고 말았던 것이다. 반면에 이 책의 저자는 에디슨의 경우에는 이와 반대라고 말한다.

에디슨은 사실 대단한 과학자나 발명가가 아니었고, 심지어 그는 일찍이 열심히 연구하는 수학자가 될 필요가 없다고 말한 바 있기 까지 하다고 말했다.

에디슨의 위대한 점은 뛰어난 사람들을 고용하여 그들의 연구를 통해 성공하는 것이고, 그들의 공을 빼앗으며 발전했고, 그들의 모든 발명품은 그들의 이름이 아닌 에디슨의 이름으로 세상에 나왔다는 것이다.

이러한 사실을 통해 얻게 된 최고의 교훈은 일인자가 되는 일이 꼭 부자가 되는 유일한 길이 아니라는 사실이었다. 때로는 선봉에 서고, 일인자가 되는 일이 득이 되는 것만은 아니라는 사실은 우리로 하여금 변화와 흐름에 민감하게 반응해야 할 필요가 있음을 우리에게 깨닫게 해준다.

이 책에서는 록펠러의 경우에도 그가 선봉에 서서 석유사업을 시작한 것이 아니라 이미 55개의 정유소나 되는 많은 사람들이 석유 사업에 뛰어들고 나서 뒤늦게 석유사업에 뛰어들었다는 사실에 대해 이야기해준다. 타인이 경험과 실패를 잘 관찰하여서 그것을 자신의 성공의 발판으로 삼을 수 있는 그런 사람이 선봉에 서는 사람보다 훨씬 더 성공 확률이 높다고 말한다.

" 록펠러가 뒤늦게 석유사업에 뛰어든 것은 좋은 본보기가 된다. 수많은 사람들이 앞 다투어 유전을 개발하고 석유를 생산했지만, 과잉생산으로 얻을 수 있는 이윤은 낙관적이지 못했다.

록펠러는 이들의 문제점과 경제 추세를 면밀히 관찰했고, 철저한 계획을 세운 뒤 마침내 석유산업에 뛰어들기로 결심했다. 성공하고 싶다면,

꼭 겪지 않아도 될 위험은 다른 사람에게 맡기고, 다른 사람들의 뼈아픈 경험을 통해 남들이 생각하지 못했던 실리를 차지하라.” < 564쪽 >

또한 이 책의 저자는 재기의 법칙으로 ‘성공한 경영자는 대세를 따르지 않는다.’고 말한다. 기회를 잡을 수 있는 자만이 재물을 얻을 수 있다는 것이다.

“실패로 가는 길에는 도처에 잡지 못한 기회가 놓여 있다. 행운이 앞문으로 들어오기를 앉아서 기다리는 사람은 뒷문에 서성이는 기회를 놓쳐 버린다.

앞에 가는 사람에겐 시장이 넓지만, 뒤에 가는 사람에겐 시장이 좁으니, 기회를 잡는 이가 바로 부자가 될 수 있는 행운아다. 성공한 경영자는 대세를 따르지 않는다. 그들은 독특한 안목으로 다른 길을 찾아내어 남들이 잠에서 깨어나기 전에 벌어들인 돈을 주머니 속에 밀어 넣는

다.” < 428쪽 >

이 책의 저자는 이렇게 대세를 따르지 않고 기회를 잡아서 성공한 사례로 일본의 닌텐도를 꼽았다. 닌텐도는 트럼프를 생산하는 작은 공장으로 출발했지만 지금은 전 세계의 컴퓨터 오락기 산업에서 승승장구하고 있다는 것이다. 닌텐도는 사람들이 게임에 열광하는 것을 포착했고, 그것을 기회로 잡았던 것이다.

기회를 잡기 위해서 필요한 것은 결단력이라고 할 수 있다. 과감한 결단을 할 수 있기 위해서는 또한 용기와 대세를 따르지 않을 수 있는 담대함이 있어야 한다.

이 책이 제시하는 재기의 법칙 중에서 인상 깊은 법칙 중에 하나는 ‘쉬면서 힘을 비축한 뒤 적이 지치면 맞서 싸우라’는 법칙이었다. 재미있는 사실은 후발주자가 선발주자보다 오히려 더 크게 성공하고 세상을 지배한다는 사실이다.

" 먼저 가는 사람은 앞 수레가 뒤집어지는 것을 보고 조심하는 교훈을 얻을 수 없지만, 뒤에 가는 사람은 남의 장점을 얻고, 단점을 살펴 남을 제압할 수 있다. 성공의 기회는 도처에 있다. 라이벌과 경쟁하며 나아가기보다 일보 후퇴하여 더 큰 걸음으로 전진하라. 성공에 급급해 남은 밑천을 다 걸고 최후의 승부에 걸어서는 안 된다. 쉬면서 힘을 비축했다가 피로한 적을 맞아 싸우고, 어떠한 일에도 변함없는 자세로 꿋꿋하게 맞서라." < 462쪽 >

삼성이 휴대폰 사업을 국내 기업들인 LG나 현대보다도 가장 뒤늦게 시작했다는 사실을 우리는 알고 있다. 또한 반도체 사업도 일본 보다 훨씬 더 뒤 늦게 시작했다. 하지만 후발주자인 삼성이 지금은 세계 일등 기업으로 우뚝 솟은 것도 바로 이 때문이 아닐까?

이 책에서 제시하는 재기의 법칙은 매우 다양하고 심오하다. 하지만 창업보다 수성이 더 어렵듯 부를 모으는 것보다 지켜 내는 것이 더 어렵다는 사실은 이 책을 우리들이 꼭 읽어야 할 이유를 제공한다. 이것이 부자가 되고 싶어 하는 이들에게 필자가 이 책을 추천하는 이유인 것이다.

승자는 문제 속에 뛰어든다.

패자는 문제의 변두리에서만 맴돈다.

– 빅토르 위고 –

부유함이란 자신감에서 비롯되는 것이다.
< 부의 진실 >
_ 팀 샌더스

" 부유하다는 건 자신감에서 비롯되는 마음가짐이란다. 자신감은 바로 거기서 나오는 거지. 잘 들으렴. 자신감은 로켓의 연료 같은 거야." 할머니는 점차 자동차의 속도를 높이며 이야기를 계속했다. "자신감이 너를 높이 솟아오르게 하고, 너에게 필요한 모든 것이 충분하게 주어질 거라는 믿음을 갖게 해주지. 클라렌스와 있

었던 일은 나중에 네가 풍족한 삶을 살기 위해 필요한 교훈이 될 거야." < 20쪽 >

이 책의 저자는 실제로 자신의 삶을 통해 가장 실패자로 느껴지는 그런 샛길 인생을 15년 동안 겪었다. 하지만 그는 다시 새로운 시작을 했고, 성공적인 삶을 만들어 나갔던 것이다. 그러한 과정을 통해 그가 얻은 부의 진실에 대한 책이 바로 이 책이다.

이 책의 저자는 우리가 가난에 지쳤을 때, 가장 필요한 것이 돈이 아니라 돈을 벌 수 있게 해 주는 자신감이라고 말한다. 자신감에서 모든 부가 비롯된다고 말한다. 자신감은 우리를 높이 솟아오를 수 있게 해 준다고 한다.

" 부유하다는 건 자신감에서 비롯되는 마음가짐이란다. 자신감은 바로 거기서 나오는 거지. 잘 들으렴. 자신감은 로켓의 연료 같은 거야." 할머니는 점차 자동차의 속도를 높이며 이야기를 계속했다. "자신감이 너를 높이 솟아오르게 하고, 너에게 필요한 모든 것이 충분하게 주어질 거라는 믿음을 갖게 해주지. 클라렌스와 있었던 일은 나중에 네가 풍족한 삶을 살기 위해 필요한 교훈이 될 거야." < 20쪽 >

자신감을 기르기 위해서는 마음에 좋은 양식을 공급해야 한다고 말한다. 좋은 양식이 들어가면 좋은 생각이 나올 수 있고, 마음에서 나오는 사고방식이 성공과 실패, 행복과 불행을 결정하기 때문이다. 즉 생각이 모든 것을 결정할 수 있다는 것이다.

" 모든 사람은 자신의 모습 그대로이다. 자신의 마음을 차지하고 있는 지배적인 사고 때문이다. 우리는 우리의 모습 그대로이다. 그 이유는 우리를 둘러싼 환경에서 비롯되는 자극에 따라 우리가 선택해서 머리에 집어넣는 생각 때문이다."

성공학의 거장인 나폴레온 힐이 자신의 저서인 [놓치고 싶지 않은 나의 꿈 나의 인생]에서 했던 말이다. 우리의 생각은 또한 다른 사람들의 생각과 반응에도 영향을 줄 수 있다. 하지만 가장 중요한 것은 우리의 생각이 우리의 자아를 형성한다는 사실이다.

자신감을 기르기 위해서는 부정적인 생각을 그만두어야 한다. 뿐만 아니라 우리가 사용하는 어휘 중에서 나약함이나 자신감이 없음을 드러내는 단어들을 무심코 사용하는 것을 그만두어야 한다고 말한다. 자신감 있는 사람의 말투와 자신감이 없어 보이는 표현은 확실하게 차이가 난다는 것이다. 뿐만 아니라 자신이 사용하는 어휘와 말투, 표현을 통해 더욱 더 그렇게 된다는 것이다.

자신감이 없는 사람들은 주로 이런 표현들을 많이 사용한다. '아마도' '혹시' '그럴 거야' '아무래도' '그렇다고 하더라.' '악의는 없었어.' '말이 그렇지' '그럴 것 같지 않아' '그런 것 같아' '그런 생각이 들어' 등과 같은 표현들이다.

" '언젠가' 당신에게 성공이 찾아올 거라고 말하는 것, 가령 언젠가 나는 사람들의 인정을 받고 승진할 거야라는 생각 역시 '얼마간의 운' 을 기대하며 하는 말이다. '언젠가' 라는 단어는 미래를 불가사의한 세계로 만든다. 미래의 성공에 대해 말하고 싶다면 원인과 결과를 따져서 말해야 한다." 목표를 달성하면 나는 승진할 수 있을 거야. " 이렇게 말하는 것이 자신감 있는 말투다."   < 101쪽 >

자신감이 있는 사람과 없는 사람들은 그들의 행동, 말, 어투, 표현, 어휘, 업무, 성과에도 그대로 나타난다. 부자들을 살펴보면 하나같이 자신만만하다. 성공한 사람들을 살펴봐도 겸손하면서도 자신감 있는 태도와 말투는 숨길 수가 없다. 자신감이 성공과 행복, 부를 얻는 비결이라고 할 수 있기 때문이다.

이 책이 우리에게 전해 주는 가장 큰 교훈은 우리는 지금 충분히 부자라는 사실이다. 외부적인 환경과 무관하게 우리는 지금 이 순간 충분히 부자라는 사실을 인식할 수 있다. 그것은 우리의 마음에서 오롯이 비롯되는 것이다. 우리에게 자신감이 있고, 감사할 수 있고, 나눌 수 있는 마음이 있다면 충분히 부요한 사람이라고 한다.

이 책의 저자가 우리에게 전해주는 교훈 중에는 감사하라는 것도 포함 되어 있다. 감사할수록 삶에 대한 자신감도 높아지기 때문이다. 또한 자신을 가치 있는 존재로 여기게 되고, 현재를 즐길 수 있게 해 주고, 미래에 대해 더 많은 것을 기대하게 해 준다, 무엇보다 감사하는 사람들은 낙관적이 된다. 그리고 이것은 그 어떤 것들보다도 더 마음을 풍요롭게 해 준다.

감사와 함께 우리를 풍요롭게 해 주는 것으로 나누는 것이라고 말한다. 그래서 이 책의 저자는 나누면 풍요로워진다고 말한다. 타인에게 나누어 주고 베풀면 자신의 것이 없어지는 것 같이 보일 수 있지만 실상은 자신에게 더 많이 재

충전된다는 사실을 우리는 기억해야 한다.

“나눔은 운동과도 같다. 자주 할수록 더 좋은 것을 얻고 더 많은 것을 얻을 수 있다. 위급한 상황이나 누군가의 생일처럼 특별한 때에만 하는 것이 아니다. 항상 실천해야 한다. .... 당신에겐 항상 나눠줄 수 있는 선물이 있다. 언제나 그렇다. 부유하거나 가난하거나 은둔하거나 지쳐 있어도 기회가 오면 당신은 항상 나눌 수 있다. 그것은 숨을 쉬는 것과도 같다.” < 178 쪽 >

이 책의 저자는 완벽한 자신감을 기르기 위해서는 감사와 나눔과 함께 준비하는 사람이 되어야 한다고 말한다. 그래서 자신을 항상 준비하라고 조언한다. 언제든 똑똑해지고, 독서하고, 거울 앞에서 말하는 연습도 하고, 건강도 챙기라고 한다.

할 수 있다고 생각하며 자기 자신에 대해 신뢰할 수 있는 사람은 어떤 일이든 해 낼 수 있고, 오늘도 충분히 우리는 부자라고 인식하는 사람은 실제로 부자라고 할 수 있다. 물질적인 눈에 보이는 빙산의 일각처럼 일부가 눈에 보이는 것에 불과하기 때문이다. 눈에 보이지 않는 것들로 우리 마음이 부요하다면 그것은 실제로 부요한 것이다. 이처럼 이 책은 우리로 하여금 마음부자가 되어 살아 갈 수 있는 7가지 원칙에 대해 소개해 준다. 그 중에서도 최고의 교훈과 원칙은 '부유함이란 자신감에서 비롯되는 것'이라고 생각한다.

우리가 가난에 지쳤다면 그것은 아마도 돈이 없어서가 아니라 엄청난 부자가 될 수 있을 것이라는 사실에 대해 자신이 없기 때문이 아닐까? 당신에게 필요한 것은 돈이 아니라 자신감일 것이다. 이 책은 당신에게 자신감을 선사해 줄 것이다.

“ 이 세상은 마음먹기에 따라 지옥이 될 수도 있고, 천국이 될 수도 있다.” < 랠프 왈도 에머슨 >

세상사의 대부분은 운에 좌우된다.

< 행운에 속지마라 >

_ 나심 니콜라스 탈렙

“ 운은 민주적이라서, 타고난 능력에 관계없이 누구에게나 작용한다. 저자는 백만장자가 일반 대중과 다른 점이 끈기와 근면 같은 몇몇 속성이라고 주장하지만, 이것도 필요조건과 인과관계를 착각한 사례다. 백만장자가 모두 끈기 있고 근면하다고 해서, 끈기 있고 근면한 사람이 모두 백만장자가 되는 것은 아니다. 끈기 있고 근면한 사업가들 가운데 실패한 사람도 많다. 순진하기 짝이 없는 경험주의 사례로, 저자는 백만장자들의 또 다른 공통점이 위험 감수라고 주장했다. 물론 그것은 성공의 중요한 요소지만, 실패에 필요한 요소도 된다. 저자가 똑같은 조사를 파산한 사람들을 대상으로 했다면, 틀림없이 이들의 파산이 위험 감수 때문이라고 주장했을 것이다." < 14쪽 >

당신이 가난에 지쳤을 때 이 책을 추천하는 이유 중에 하나는 당신이 가난한 것은 당신이 근면하지 않았거나 끈기가 부족했기 때문이 아니라는 것을 말해주기 위해서이다. 이 책의 저자는 말한다. '세상사의 대부분은 운에 좌우된다.' 고 말이다. 그렇기 때문에 당신이 지금 가난한 것은 슬픈 현실이지만, 그 책임이 당신에게 전적으로 있는 것은 아니라고 말해도 된다는 것이다. 그리고 이 말은 당신은 또한 얼마든지 운이 좋아져서 부자가 될 수도 있다는 가능성을 내포하기도 한다는 것을 당신은 알아야 한다.

'진인사대천명(盡人事待天命)' 이란 말처럼 우리는 최선을 다해서 전심전력으로 일을 해야 한다. 하지만 그 결과에 대해서는 너무 크게 연연하거나 영향을 받지 않는 것이 훨씬 더 긴 인생을 잘 살아갈 수 있는 방법이다. 실패했을 때는 중요한 교훈을 얻고 도전을 포기하지 않는 것이 더 중요하며, 성공했을 때는 그것이 자신의 능력이나 기술 때문이 아니라 순전히 운 때문이었다는 사실을 인식하고 조금 더 겸손해져야 할 필요가 있는 것이다.

심지어 워렌 버핏과 같은 세계적인 투자가가 성공한 이유도 역시 한 마디로 '운이 좋기 때문' 이라고 이 책의 저자는 강력하게 주장한다. 이러한 주장을 할 수 있는 사람은 두 부류이다.

한쪽은 완전히 바보이거나, 다른 한쪽은 정말로 확실한 근거가 있는 위대한 학자이거나이다. 아마 이 책의 저자는 세상 사람들이 그를 높게 평가하는 것으로 봐서 전자는 절대로 아닌 것 같다.

이러한 맹랑한 주장을 하는 이 책이

<FORTUNE> 선정 역사상 가장 지혜로운 책이라고 말한다면 당신은 믿을 수 있을까? 이 책이 처음 세상에 나왔을 때는 아무도 그의 이런 웃기는 견해에 주목하지 않았다. 하지만 2008년에 완전한 반전이 있었다. 그 때 발생한 서브프라임모기지 사태로 인해, 이 책의 저자는 세계에서 가장 주목받는 경제학자로 부상하게 되었고, 2009년에는 <포브스Forbes> 지에 의해 '세계에서 가장 영향력 있는 경제 전문가'로 선정되기도 했다.

그는 이 책을 통해 열심히 일하고, 시간을 잘 지키고, 깨끗한 셔츠를 입고, 방취제를 사용하는 등 전통적인 방식들을 따르면 성공에 도움이 되는 것은 사실이지만 그렇게 한다고 반드시 성공하는 것은 아니라고 말한다. 운 좋은 바보들은 자신이 그저 운이 좋아서 부자가 되었다는 사실을 인식하지 못하기 때문에 운 좋은 바보들이라고 말한다. 그래서 이들은 자신이 부자가 될 자격이 있는 것처럼 행세하게 된다는 것이다.

“잇단 성공에 세로토닌이 다량으로 분비되면서, 자신에게는 돈 버는 능력이 있다고 스스로를 속이는 지경에 이른다. 사람들의 자세를 보면 이런 태도를 알 수 있다. 돈을 번 트레이더는 곧추선 자세로 당당하게 걷는다. 그리고 돈을 잃은 트레이더보다 말이 많다. 과학자들의 연구에 따르면, 신경전달물질인 세로토닌은 인간 행동에서 많은 부분을 지배한다. 세로토닌은 긍정적 피드백을 일으켜서 선순환의 고리를 형성하지만, 우연히 어떤 외부 자극을 받게 되면 반대로 악순환을 일으킨다.

원숭이에게 세로토닌을 주입하면 서열이 올라가고, 그 서열 상승으로 인해 세로토닌 분비가 또 증가한다. 하지만 어느 순간에 선순환이 깨지고 악순환이 시작된다. 마찬가지로, 인간도 개인의 실적이 향상되면 세로토닌이 증가하고, 이 때문에 이른바 ‘리더십’ 능력이 향상된다. 그는 ‘승승장구’ 한다. 침착하고 자신감 넘치는 말투 등 태도에 미묘한 변화가 일어나면서 사람들에게 더욱 신뢰감을 주게 된다. 마치 부자가 되어야 마땅한 사람처럼 보인다. 그의 실적 요인에 운 따위는 들어설 자리가 없는 것이다. 그러나 마침내 운이 다시 고개를 쳐들면서 그는 한 순간에 파산하고 만다.” < 52쪽 >

이제 경제학자들조차 인간을 움직이는 동기가 합리성이 아님을 이해하기 시작했다. 또한 단기나 중기적으로 우수한 성과를 거두는 트레이더는 유능한 트레이더가 아니라 불량한 트레이더일 수도 있다는 사실도 알게 되었다. 또한 전쟁에서 승리한 역사적인 장군들도 또한 자신의 용맹과는 전혀 상관없이 외부 세력에 의해 전쟁에서 승리했거나 패배 했을 것이라고 생각하게 되었다.

“ 다윈 이론의 자기 선택을 거부하는 사람이 있다면, 그는 안목이 없거나 어리석다고 볼 수밖에 없다. 그러나 개념이 단순하다 보니 일부 아마추어들은 다윈주의가 경제학을 포함해서 모든 분야에 절대적이고도 지속적으로 적용된다고 맹목적으로 믿기도 한다. .... 이런 생각을 사회에 적용시켜보면, 사람들은 기업과 조직들이 경쟁 덕분에 더 개선될 수밖에 없다고 믿는다. 가장 강한 기업은 살아남고, 가장 약한 기업은 사라지기 때문이다. 또한 투자자와 트레이더의 경우에도 경쟁으로 인해 최고는 번창하지만 최악은 시장에서 밀려난다고 믿는다.

하지만 세상일이란 그렇게 단순하지 않다. 조직은 자연계의 생물처럼 번식하지 않으므로 우리는 다윈의 아이디어를 근본적으로 오용하고 있다. 다윈의 아이디어는 생존이 아니라 번식 적합성에 관한 것이다. 문제는 결국 운이다. “
< 133 ~ 134쪽 >

이 책의 저자는 우리가 운이 사라진 결정론적 세상에 살고 있다면, 만사를 확실하게 알 수 있을 것이고, 그렇게 되면 세상일이 한층 쉬워질 수 있을 것이라고 말한다. 하지만 모든 것은 결국은 운에 좌우 된다고 주장한다.

이 책의 저자가 최초의 현대적 인식론자로 평

가하고 있는 데이비드 흄은 [인성론]이란 책에서 다음과 같이 주장한 적이 있다.

" 백조를 아무리 많이 관찰했더라도 모든 백조가 희다고 추론할 수는 없다. 단 한 마리의 검은 백조가 발견되더라도 이 결론을 충분히 반증할 수 있다."

평생 아무리 많은 백조를 보았고, 앞으로도 볼 것이라고 해도 검은 백조를 한 마리도 보지 못했기 때문에 검은 백조란 존재하지 않는다고 말할 수 없다. 이 책의 저자가 우리에게 말하고 싶어 하는 것도 바로 이것이다. 과거에 본 경험만으로 미래를 예측하지 말라는 것이다.

가령 누군가 과거에 뛰어난 실적을 올렸다면, 그가 미래에도 뛰어난 실적을 올릴 가능성이 있음을 부인할 수는 없지만 그 가능성은 너무도 미미해서 의사 결정에 아무 소용이 없을 정도라는 사실을 우리는 이 책을 통해 배울 수 있다.

비즈니스 세계의 경우 운에 크게 좌우되므로 사업가의 숫자가 많아질수록 그중 한 사람이 우연히 탁월한 실적을 올릴 가능성도 커진다. 그렇게 되면 우리들은 보통 승자만 눈에 보이기 때문에 대부분의 사례를 승자의 능력이나 끈기나 우월한 점에 집중해서 분석하게 된다. 그 결과 수많은 사례들 가운데 하나의 사례를 보도 이것을 대표적인 사례로 착각해 버리는 경향이 있는 것이다.

패배자들은 스스로 모습을 감추기 때문에 가장 성공한 사람들이 가장 눈에 잘 띈다는 것은 어쩌면 당연한 것인지도 모른다. 사람들이 낙관주의가 성공의 전조라고 말하지만, 이것은 성공의 전조도 될 수 있고, 동시에 실패의 전조도 될 수 있다. 그것은 낙관적인 사람들은 승산을 과신하기 때문에 분명 위험을 더 많이 떠안는다. 성공한 사람들은 부자가 되고, 유명해져서 전면에 등장한다. 하지만 실패한 사람들은 분석에서도 사라진다.

이 책의 저자는 농구의 연속 골도 역시 우리들이 운에 대해 잘못 인식하는 사례 중에 하나라고 설명한다. 선수 숫자가 많다면 그중 한 사람이 행운의 연속 골을 길게 이어가는 것도 충분히 가능하다. 사실 누군가 행운의 연속 골을 길게 이어가지 않으면 오히려 이상할 것이다. 심란한 현실 중 하나는 의학 분야이다. 우연의 일치, 우연한 관계를 토대로 한 의학적인 주장이 적지 않기 때문이다.

더 심란한 이야기는 인생은 비선형적으로 불공평하다는 이야기일 것이다. 인생에서 약간의 강점으로도 엄청난 보상을 받을 수 있고, 전혀 강점이 없는 사람도 아주 조금만 운의 도움을 받으면 노다지를 캘 수 있다는 것이다.

필자 나름대로 결론은 이것이다. 그 어떤 성공 신화도 믿지 말라는 것이다. 그러므로 자신만의 길을 당당하게 가라는 것이다. 성공도 실패도 우리는 예측할 수 없다. 이 세상은 너무 복잡한 요소들이 많이 관여하기 때문이다. 그러므로 기회와 가능성은 또한 널려 있는 것이다.

인생은 결국 습관이다.
그러므로 어떤 습관을 내 것으로 만드느냐가
인생 최대의 과제이다.

– 빌 게이츠 –

백만장자는 선택이며 훈련이며 습관이다.

< 백만장자 비밀수업 >

_ 조단 워즈

“ 당신이 성공할 수 있는 비밀은 바로 당신에게 달려 있다고 할 수 있다. 자신을 파악하고 사신에게 정직하고 자신만의 개인적 욕구, 능력, 재능 등에 집중하면 당신이 원하는 성공, 또는 ‘진정한 백만장자’ 가 될 수 있다. 당신 자신이 성공에 필요한 유일한 자원이다. 진정한 힘을 키울 수 있다면 성공을 향한 자신만의 로드맵을 완성할 수 있다. 그러면 당신은 반드시 성

공할 것이다." < 35쪽 >

'백만장자는 운명이 아니라 선택' 이라고 이 책의 저자는 강조한다. 링컨도 역시 '인간은 자신이 행복해지려고 스스로 결심한 만큼만 행복해 질 수 있다.' 고 말한 적이 있다.

미국의 철학자이자 심리학자인 윌리엄 제임스는 여기서 좀 더 나갔다. '우리 세대의 가장 위대한 발견은 인간이 자신의 마음자세를 바꿈으로써 삶을 바꿀 수 있다는 사실을 발견한 것이다.' 라고 말하기 까지 했다.

이 사람들의 말들을 토대로 해 볼 때 우리가 가난한 최대의 이유는 우리가 가난을 알게 모르게 선택했던 것 때문이라고 말할 수 있다.

동시에 우리가 부자가 되지 못 한 이유는 부자가 되고자 선택하지 않았고, 부자가 되고자 마음자세를 바꾸지도 않았기 때문이다. 마음자세를 바꾸지 않고, 부자가 되고자 선택하지 않았기 때문에 우리는 부자가 되지 못 했던 것이다.

이 책의 저자는 결론적으로 '백만장자가 되는 것도 선택이며, 훈련이며, 습관'이기에 옷차림부터 백만장자처럼 입고, 생각하는 것도 백만장자처럼 생각하고, 행동하는 것도 백만장자처럼 행동하고, 꿈을 꾸는 것도 백만장자처럼 꿈을 꾸고, 사는 것도 백만장자처럼 살아가라고 우리들에게 조언해 주고 있다.

먼저 그는 백만장자는 선택의 문제이기 때문에 반드시 백만장자가 될 것이라는 신념을 가지는 것이 중요하다고 말한다.

신념이 결국 성취할 수 있도록 해 주는 원동력이 되어 준다고 말하고 있다. 백만장자로 가는 가장 명쾌한 지름길은 백만장자가 되려는 생각이며 신념이며 선택이라고 말한다. 그러한 생각과 신념과 선택을 하게 되면, 작은 시도, 작은 도전뿐만 아니라 큰 시도와 도전도 어떤 것이든지 겁을 내지 말고 시작해 보라고 조언한다.

우리가 명심해야 할 조언 중에 하나는 우리가 생각하고 꿈 꿀 수 있는 것이라면 우리들은 반드시 이루어 낼 수 있다는 사실이다.

결국 한계는 우리 자신이 스스로 정하는 것이다. 우리가 생각하는 것 이상으로 우리는 성장하고 이룰 수 없다.

우리의 생각의 크기가 우리의 한계를 의미하는 것이기 때문이다. 그러므로 우리가 생각하고 선택하고 꿈 꿀 수 있는 것은 그것이 무엇이든 반드시 우리는 이룰 수 있다는 사실을 알아야 한다.

“ 백만장자가 되는 가장 빠른 길은 간단하다. 백만장자처럼 생각하고, 행동하고, 옷을 입고, 꿈을 꾸고, 그리고 그렇게 살아가는 것이다. 그러다보면 어느새 백만장자가 되어 있는 자신을 발견할 것이다.

” 옷이 사람을 만든다 “ 는 옛 속담이 있다. 이 말에 전적으로 동의하며 옷뿐만이 아니라 생

각, 습관, 직업 및 개인적 생활양식 등 모든 세세한 부분도 사람을 만드는 것 같다." < 111 쪽 >

두 번째로 그는 백만장자는 훈련이고 연습이라고 우리에게 강조한다. 그러면서 그는 백만장자가 되기 위한 훈련과 연습으로 먼저 거래의 프로가 되어야 한다고 말한다. 그 이유는 우리 모두는 평생토록 누군가와 거래를 하며 살아가기 때문이다.

운동선수가 계약서에 서명을 하는 것도 거래고, 새 차를 사거나 새 직장에서 근무조건에 대해 협상하는 것도 거래다. 결혼도 일종의 거래라고 할 수 있다.

우리가 어떤 결정을 내리든지 간에 거래는 인생에서 성공을 위한 기본적인 도구이다.

거래에 임할 때 가장 중요한 것은 오래도록 지속될 단단한 기초 위에 성사되어야 한다는 것이다. 그리고 그렇게 하기 위해서는 무엇보다 윤리를 토대로 확보된 옳다는 자신감을 갖고 거래에 임해야 한다는 것이다.

가장 도덕적인 것이 가장 효과적이며, 오랫동안 지속되며 번영의 토대가 되기 때문이다. 그는 말한다. 최고이자 최선의 거래는 상대의 이익이 내게도 이익이 되는 거래, 즉 상부상조하는 거래이며, 다른 말로 윈_윈 전략이라고 할 수 있다고 말이다.

이 책의 저자가 제시해 주는 백만장자가 되기 위해 필요한 연습과 훈련 중에는 경청도 포함되어 있다. 성공적인 사람들과 부자들은 대부분은 자신이 말하는 것보다 더 많이 듣는 경향이 있을 뿐만 아니라 남들보다 훨씬 더 잘 듣는 기술이 있다는 것이다. 부자들은 원수의 의견에도 동의할 수 있을 정도로 경청한다고 한다.

경청이 중요한 이유는 사람들은 아무리 설득을 당한다 해도 자신의 의견을 고수하려고 하는 경향이 있으며, 상대방이 말을 많이 할수록 그 말들을 신뢰하지 못 하게 되기 때문이다. 그래서 당신이 말을 많이 하면 당신이 무엇인가를 팔거나 설득하려고 하는 것이고, 상대방이 말을 많이 하면 그것은 상대방이 무엇인가를 사려고 하는 것이거나 설득하려고 하는 것이다. 경청의 기술은 상대의 의견이 아니라 상대방 자체를 인정하는 것이라고 한다.

상대방 자체를 인정하기 위해서는 상대방에게 진정으로 관심을 보여야 한다. 진정성 있는 관심을 보이기 위해서는 상대방이 어떤 심정인지, 어떤 상황인지를 잘 알아야 한다. 그래서 제대로 된 경청은 상대를 내 편으로 만드는 마술의 힘을 가지고 있는 것이다.

이 책의 저자는 우리들에게 세상을 바라보는 방식을 바꾸면 세상이 바뀌는 법이라고 말한다. 기회를 우리가 창출해 낸다고 생각을 전환하면, 그때부터 세상에 널려 있는 것이 기회가 되는 것이다. 당신이 백만장자가 될 수 있다고 생각을 전환하면, 그 때부터 백만장자가 되는 것은 그림 속의 떡이 아니라 당신이 지금 당장 먹을 수 있는 손에 든 진짜 떡이 되는 것이다.

이 모든 것은 우리 자신에게 달려 있다는 사실을 우리는 믿어야 한다. 믿을 때 모든 것이 이루어지는 것이다. 자기 자신에 대한 믿음은 성공의 최대의 비결이라는 사실을 이 책의 저자는 마지막으로 조언한다.

당신이 가난에 지쳤다면 이 책을 통해 부를 선택하게 될 것이다. 부자가 되는 생각을 하게 될 것이고, 부자가 되는 연습을 하게 될 것이고, 부자가 되는 훈련을 하게 될 것이다. 궁극적으로 당신도 부자가 될 수 있을 것이다.

이 책의 저자가 제시하는 백만장자들의 행동 수칙들은 이런 것들이다.

'백만장자는 선택이다.' 그러므로 실패에 대해 현명하게 대처하고, 다시 도전하는 것을 선택하고, 옷차림도 백만장자의 그것을 선택하고, 꿈을 꾸는 것도 백만장자의 그것을 선택하라고 조언한다.

'백만장자는 훈련이고 습관이다.' 그러므로 거래를 하든, 일을 하든 프로처럼 할 수 있도록 훈련하라고 한다. 이류는 말하면서 팔지만, 일류는 경청만 하고도 물건을 잘 판다. 회의를 하는 것도 훈련하여, 그저 소리 지르고, 야단치고, 성질을 부리지 말고 회의다운 회의를 할 수 있도록 훈련하라고 한다. 그래야 회의가 학대가 아니라 성과 창출을 위한 시간이 된다는 것이다.

'백만장자는 변화를 사랑한다.' 그러므로 익숙한 해변에서 눈을 뗄 수 있는 용기를 가져야 하고, 기회를 엿보지 말고 기회를 만들어야 한다고 조언한다.

이제 당신도 충분히 백만장자이다. 그것을 잊지 말자. 당신은 백만장자가 될 수 있고, 그것을 충분히 해 낼 수 있다. 할 수 있다는 믿음을 가지고, 자신감을 가진다면 당신에게 그런 능력이 없고, 그럴만한 가치가 없다 해도 결국에는 할 수 있는 능력을 가지게 되고, 그런 자격을 갖출 수 있게 될 것이다.

결국 관건은 당신의 마음의 자세이고, 당신에게 자신감과 확신이 있느냐 없느냐 하는 것이다. 재미있는 사실은 사람들은 대부분 할 수 있다고 생각할 때와 그런 생각을 미처 하지 못 하고 그저 살아갈 때 전혀 다른 사람의 삶을 살아간다는 것이다. 이러한 사실은 필자가 이 책을 통해 얻게 된 최고의 교훈이라고도 할 수 있다. 그리고 이러한 사실은 수많은 자기계발서들이 주장하는 내용의 핵심적인 사항이라고 할 수 있다.

우리가 스스로 백만장자를 선택해야 하는 이유 중 하나가 이것이다. 우리가 백만장자가 되기를 선택한다는 것은 백만장자가 될 수 있다는 생각을 하게 된 것이고, 그러한 생각 때문에 우리는 더욱더 백만장자가 되어 갈 수 있다. 그리고 그렇게 할 때 하늘도 역시 스스로 돕는 자를 돕고, 스스로 백만장자를 선택한 사람을 백만장자가 되게 해 준다. 그러므로 우리는 백만장자를 선택하고 훈련하고 연습해야 한다. 하는 만큼 우리는 백만장자가 될 수 있다.

우리가 의식적으로 백만장자를 선택하고 연습하고 훈련할 때 우리는 집중 할 수 있게 된다. 그리고 그렇게 집중할 수 있게 될 때 우리 자신들도 미처 몰랐던 능력과 잠재력이 발휘되게 된다. 그래서 자신이 해 놓고도 스스로 자기 자신에게 놀라게 되는 것이다. 이러한 사실에 대해 나폴레온 힐Napoleon Hill은 자신의 저서인 [성공의 법칙Law of Success]에서 다음과 같이 언급한 적이 있다.

"의식적으로 머리에 새긴 뚜렷한 목적은 반드시 성취하겠다는 결심을 강화함으로써 육체적인 행동에 자신도 모르게 영향을 미쳐 그 목적을 달성할 때까지 계속 집중하게 한다."

우리가 백만장자가 되고자 하는 목표를 선택할 때 우리 자신도 모르게 그 목표와 선택은 우리에게 영향을 미쳐 우리를 그 목표로 이끌어 간다. 이것은 마치 소가 수레를 이끌 듯, 수레는 소에게 이끌려 가는 것이다. 우리가 백만장자라는 목표를 선택하는 순간, 우리의 모든 선택과 생각과 행동은 그 목표에 집중되고, 이끌리게 된다. 그 결과 백만장자를 목표로 선택하지 않고 그저 살아갈 때와 전혀 다른 힘과 에너지와 집중력을 얻게 되는 것이다.

에필로그 _ 책은 삶의 특권이며 최고의 사치이며 향락이다.

'인생을 바꾸는 것은 재능이 아니라 독서이다.'

빌 게이츠, 워렌 버핏, 오프라 윈프리, 스티브 잡스, 손 정의, 조지 소로스, 마오쩌둥, 존 스튜어트 밀, 세종 대왕, 나폴레옹 의 공통점은 독서가 그들의 삶을 도약시켜 놓았다는 것이다.

이들은 모두 남들보다 훨씬 더 많은 독서를 한 사람들이다. 그리고 그 결과 평범한 사람들보다 훨씬 더 많은 업적을 달성해 낸 사람들이다.

모든 성공은 자기 자신에게서 비롯된다. 그리고 그 자신은 자기가 읽은 것에 의해서 완성된다. 결국 모든 성공은 자신이 읽은 것을 통해 비롯되는 것이다.

독서를 한다는 것은 삶의 특권이다.

독서만큼 경제적인 것은 없기 때문이다. 독서만큼 쉽고 편하면서 최대의 효과를 가져다주는 것은 없기 때문이다. 독서만큼 우리에게 많은 생각의 재료를 주는 것은 없다. 독서만큼 우리의 삶을 풍요롭게 해 주고 윤택하게 해 주는 것은 없기 때문이다. 독서만큼 우리 자신을 도약하게 해 주는 것도 이 세상에는 없기 때문이다. 독서만큼 이 세상을 통찰할 수 있는 안목을 제공해 주는 것도 없기 때문이다. 독서만큼 우리에게 기쁨과 위안을 주는 것은 없기 때문이다.

누군가 만들어놓은 길을 가는 것은 쉽다. 하지만 그 길은 망하는 길이다. 아무도 만들어 놓지 않은 새로운 길을 우리는 가야 한다. 하지만 그

길은 매우 힘들고 어렵다. 그래서 독서가 필요한 것이다. 많은 책을 통해 우리는 의식과 사고를 도약시켜야 하고, 그 결과 자신만의 새로운 길을 개척할 수 있다. 그리고 그 길은 성공하고 번영하는 길이 되는 것이다.

우리를 최고의 자리로 이끄는 것은 무조건 열심히 일하는 것이 아니다. 우리를 최고의 자리로 이끄는 것을 자신에게 가장 맞는 올바른 일을 선택하고, 그 일을 가장 현명하고 효율적으로 하는 것에서 비롯된다. 이러한 올바른 일과 올바른 방법을 발견하고 찾아내기 위해서 우리에게 필요한 것은 바로 독서이다. 독서를 통해 우리를 찾을 수 있고, 세상을 내다볼 수 있게 되기 때문이다.

독서를 한다는 것은 최고의 사치이며, 향락이다.

이 세상에서 독서만큼 우리에게 중독을 일으키는 것도 없다. 독서의 맛을 제대로 경험한 사람들은 자신의 아내를 팔아서 책을 사고, 자신의 집을 팔아서 책을 산다. 독서에 한 번 제대로 중독된 사람은 밥을 먹으면서도 책을 손에서 놓을 수 없고, 다니던 직장을 포기하고서라도 책을 읽어야만 한다. 독서에 중독된 사람들은 먹을 쌀이 없어도 돈이 생기기만 하면 밥을 사 먹는 것이 아니라 책을 산다. 이것이 바로 책의 중독성이다.

책이 이렇게 중독성이 강한 이유는 무엇일까? 그것은 바로 책은 최고의 사치이며 향락이기 때문이다. 과거에는 책을 읽을 수 있었던 신분은 왕이나 귀족이나 선비였다. 이들은 모두 선택받고 축복받은 계층이었다. 과거 한 때에는 책을 읽는 것이 금지되었고, 몇몇 특권을 부여 받은 사람만이 책을 읽을 수 있기도 했다.

많은 사람이 독서를 하지 않는 이유는 독서의 맛을 제대로 경험해 보지 못했기 때문이다. 하지만 어떤 사람이라도 독서의 맛을 제대로 한 번이라도 경험하게 되면, 그다음부터는 절대 독서의 중독에서 빠져나올 수가 없게 된다. 결국 평생 독서를 하는 삶을 살아가야 하게 되는 것이다.

필자가 백수와 전업 남편에서 작가가 될 수 있었던 것은 엄청난 양의 독서를 집중적으로 했기 때문이다. 즉 필자의 모든 경쟁력의 대부분은 3년 동안 독서에 집중적으로 투자한 노력의 결과물이라고 할 수 있다. 그래서 필자는 독서의 위력에 대해서 거의 신앙에 가까운 확신을 갖고 있다. 필자에게 새로운 인생을 열어 준 것은 다름 아닌 독서였다. 독서를 하지 않았다면 필자는 지금도 백수였을 것이고, 전업 남편으로 집안일에 매여 사는 남자였을 것이다.

독서는 삶의 최고의 특권이며, 우리가 누릴 수 있는 향락이며, 최고의 사치라고 말하는 이유가 바로 이것이다.

인생에 지쳐 길을 잃고 방황할 때 우리가 할 수 있는 최고의 선택은 또한 독서이다. 책 속에 우리의 길이 있고, 우리의 힘이 있고, 우리의 미래가 있고, 우리의 사유가 있다. 인생을 살다 보면 결정적인 순간을 맞이하게 된다. 바로 그 때 우리가 상황에 잘 들어맞는 책을 읽을 수 있다면 그것보다 더 유익한 것도 이 세상에 없을 것이다.

이 책이 많은 사람에게 유익한 지침서가 되어 주는 이유 중 하나는 독서하는 방법을 제대로 알고 있는 사람들이 그렇게 많지 않다는 것이다. 평생 책을 읽었고, 심지어 책을 쓴 위대한 작가이기도 한 괴테는 이런 의미심장한 말을 남긴 적이 있다.

" 나는 독서하는 방법을 배우기 위해서 80년이라는 세월을 바쳤는데도 아직까지 그것을 다 배웠다고 말할 수 없다."

이처럼 독서라는 것은 우리가 생각하는 것만큼 저절로 되는 것이 아니다. 특히 좋은 책은 선택하는 방법을 배우는 것은 더더욱 어려운 기술이라고 할 수 있다. 그런 점에서 이 책은 매우 유익한 책이 될 것이다.

이 책을 통해 우리는 삶의 결정적 순간을 최고의 순간으로 만들 수 있다. 이것이 이 책의 가장 큰 유익함이다. 이 책을 통해 눈부신 미래를 펼쳐 나가기를 기원한다.

판권

초판 인쇄: 2025년 12월 20일
초판 발행: 2025년 12월 20일

펴낸이: 김병완
펴낸곳: (주) 플랫폼연구소

출판등록: 제 2020-000075호

이메일: pflab2020@naver.com

주소:서울시 강남구 삼성동 116 백우빌딩 402호

ISBN 979-11-24195-35-2(03190)